Selbstfindung & Selbstverwirklichung
- Das Praxisbuch -

Wie Sie persönliche Ziele definieren, Ihre Ketten sprengen und endlich Verantwortung für Ihr Leben übernehmen

Sebastian Wendland

INHALT

Das erwartet Sie in diesem Buch

Heutzutage spielt das Thema Selbstverwirklichung eine große Rolle und fast jeder kann sich etwas darunter vorstellen. In diesem Buch erfahren Sie nicht nur, was Selbstverwirklichung ist, sondern auch, wie Sie dieses Ziel erreichen können, wie Selbstverwirklichung damals stattgefunden hat und wie sie heute in der Welt verankert ist, welchen Wandel die Bedeutung dieses Begriffs durchgemacht hat und wie er heute in den Köpfen der Menschen dargestellt wird, was die Themen Selbstoffenbarung,

Selbstbewusstsein und zwischenmenschlicher Austausch damit zu tun haben. Dieser kleine Ratgeber soll Ihnen helfen, sich besser in diesem komplexen Thema zurechtzufinden, und gibt Ihnen praktische Tipps für die Umsetzung. Vielleicht können Ihnen z. B. Meditation, Minimalismus oder das Reisen helfen, Ihre Persönlichkeit zu entfalten und Ihre wahren Stärken zu finden. Sie erhalten einen kleinen Einblick in dieses große Thema, einen Leitfaden, um sich zurechtzufinden, und hoffentlich einen guten Start auf der Reise zu sich selbst.

„Sich selbst verwirklichende Menschen, Menschen also, die einen hohen Grad der Reife, Gesundheit und Selbsterfüllung erreicht haben, können uns so viel lehren, dass sie manchmal fast wie eine andere Rasse menschlicher Wesen erscheinen. Doch weil sie so neu ist, ist die Erforschung der höchsten Bereiche der menschlichen Natur und ihrer äußersten Möglichkeiten und Hoffnungen eine schwierige und gewundene Aufgabe."

Abraham Maslow

Was ist Selbstverwirk-lichung?

Selbstverwirklichung bedeutet, seine eigenen Ziele, Potenziale und Bedürfnisse möglichst weitgehend zu realisieren – eine Reise im Herzen, in den Gedanken und der Seele. Das höchste Ziel ist es, das eigene Wesen zur vollständigen Entfaltung zu bringen und somit die Ausschöpfung der individuell gegebenen Begabungen und Möglichkeiten zu verwirklichen. Dabei ist die Bedeutung des Wortes "Selbstverwirklichung" nicht mit Egoismus gleichzusetzen, sondern steht mit Begriffen wie Individualismus oder Eigenverantwortung in Verbindung. Den meisten Menschen fällt es schwer, sich selbst zu verwirklichen und ihre eigenen Bedürfnisse und Träume zu verfolgen. Viele Faktoren spielen hierbei eine Rolle, wie etwa das Umfeld, die Kindheit und die aktuelle Lebenssituation. Selbstverwirklichung erfordert Arbeit, Mut und den Willen, sich mit sich selbst auseinandersetzen zu wollen.

Es ist zweitrangig, wie groß oder klein Ihre Wünsche sind. Wenn Sie sich selbst verwirklichen wollen, müssen Sie nicht automatisch ein außergewöhnlich talentierter Künstler, ein Sternekoch oder ein erfolgreicher Unternehmer mit eigener Firma sein. Es reicht völlig aus, wenn Sie Ihre Berufung gefunden haben und diese Ihnen Spaß macht. Oft ist der einfache Handwerker glücklicher als der Chef eines großen Unternehmens.

Wer sich auf die wirklich wichtigen Dinge im Leben fokussiert, der weiß diese auch mehr zu schätzen. Es muss nicht immer der Porsche vor der Haustür sein, wenn Sie mit dem Audi genauso Ihr Ziel erreichen. Vielleicht sind Sie sogar im Sattel Ihres Fahrrads, mit dem Wind im Gesicht und der Natur um Sie herum glücklicher als mit 200 km/h im teuren Ledersitz auf der Autobahn. Ein überdurchschnittlich gut bezahlter, aber stressiger Job macht auf Dauer unglücklicher als ein Job mit weniger Lohn, aber guten Kollegen und Freude bei der Arbeit. Die Prioritäten hierfür müssen Sie selbst setzen.

Gelingt es Ihnen, Ihr ganzes Potenzial auszuschöpfen, Ihre Talente und Fähigkeiten richtig einzusetzen, dann können Sie nicht nur als Vorbild wirken, sondern auch für die Gesellschaft nützlich sein. Glücklich und zufrieden mit der eigenen Existenz zu sein, kann das Leben von anderen Menschen bereichern und ansteckend wirken. Wir suchen die Nähe von Menschen, welche eine positive Ausstrahlung besitzen. Diese Aura wirkt anziehend und verleitet dazu, selbst nach dieser Einstellung zu streben. Diese Menschen können wunderbar als Lehrer oder Coach agieren, um anderen zu helfen. Auch, wenn es letzten Endes bei einem selbst liegt, ist es keine Schande, sich Hilfe und Unterstützung zu suchen. Nach einem gemeinsamen Ziel zu streben und dieses zu erreichen, macht den Weg um vieles einfacher.

Laut Definition ist Selbstverwirklichung die völlige Entfaltung des Selbst mit der Verwirklichung der eigenen Träume und Sehnsüchte. Das bedeutet vor allem, diese Ziele durch das individuelle Potenzial, die eigenen Fähigkeiten und Möglichkeiten zu erreichen.

SELBSTVERWIRKLICHUNG DAMALS

Früher war die Selbstverwirklichung sicher nicht so ein großes Thema wie heute. Die Mehrheit der Menschheit wusste nichts mit diesem Begriff anzufangen. Wie sein Leben aussah, stand schon fest, wenn man noch im Bauch der Mutter war. Die Menschen blieben meist dort, wo sie hineingeboren wurden. War man der Sohn eines Bauers, so ist man mit großer Wahrscheinlichkeit auch Bauer geworden. Kinder wurden von klein auf in die tägliche Arbeit eingebunden und lernten schnell, dass ohne harte Arbeit abends kein Essen auf dem Tisch stand.

Die Eltern brachten den Kindern alles bei, was sie selbst schon von ihren Eltern gelernt hatten. So wurde das Wissen der einen Generation an die nächste weitergegeben. Der Sohn eines Königs wurde der nächste König. Er wurde so erzogen wie sein Vater und Großvater vor ihm. Er hatte keine andere Wahl. Es war üblich, den Beruf der Eltern zu erlernen und auszuüben. Nur selten tanzte einer aus der Reihe. Jeder blieb da, wo er schon immer war. Das Leben war schon hart genug, da wollte man nicht auch noch den schwierigeren Weg gehen und eine neue Berufung suchen.

Viele hatten auch nicht das Bedürfnis, nach etwas anderem im Leben Ausschau zu halten. Man hatte eben andere Prioritäten. Diese waren meist das Beschaffen von Nahrung, ein trockener Schlafplatz oder die Fortpflanzung. Natürlich kann man so auch sein Glück finden und vermutlich ist es sogar der einfachste Weg: Zufrieden zu sein mit dem, was man hat.

Das Kind eines Bauern freut sich viel mehr über ein Spielzeug als ein Kind aus einer reichen Familie, das schon eine ganze Kiste davon hat. Und warum? Weil dieses das Geschenk aufgrund seiner Lebenssituation viel besser wertschätzen kann. Vermutlich wird es das Spielzeug sein Leben lang behalten und an die eigenen Kinder weitergeben, während das Kind aus einer reichen Familie das Spielzeug schnell vergessen wird, weil es noch so viele andere hat oder es durch ein neues ersetzt wird.

Aber auch damals gab es schon Menschen, die aus ihrem vorgesehenen Leben ausbrachen und sich der vermeintlichen Zukunft widersetzten. Sogenannte Querdenker, Abenteurer und Entdecker, ohne die die Gesellschaft sicher nicht so existieren würde, wie sie es heute tut. Es liegt eben einfach in der Natur des Menschen, Veränderung anzustreben. Dabei sind vor allem die kleinen Veränderungen wichtig. Die Mehrzahl der Menschen von damals erlebten nur sehr selten eine große Veränderung. Baute eine Familie ein Haus, so wurde dieses über mehrere Generationen weitergegeben. Ein Umzug war etwas Seltenes. Man blieb meist da, wo man war, außer, man heiratete in eine neue Familie ein. Der Fokus zur damaligen Zeit lag auf Dingen wie heiraten, Kinder bekommen und erziehen, Haus und Hof in Ordnung halten.

Die kleinen Freuden lagen im Fokus. Das Feierabendbier in der Dorfschenke oder die ruhigen Abendstunden vor dem Kamin nach einem langen Tag harter Arbeit auf dem Feld. Ein Großteil der Menschen musste für das, was sie wollten, selbst arbeiten. Wer es warm haben wollte, musste ein Feuer machen, wer essen wollte, musste jagen gehen, wer nachts weich schlafen wollte, musste sein Bett gut polstern. Etwas selbst zu machen, lässt einen das Ergebnis mehr schätzen.

SELBSTVERWIRKLICHUNG HEUTE

In der heutigen Zeit gibt es nicht mehr die klassischen Schichten und theoretisch kann jeder das werden, was er will. Kein Vater, der will, dass der Sohn seine Bäckerei übernimmt, und keine Mutter, die will, dass ihre Tochter möglichst viele Kinder zur Welt bringt, damit sie auf dem Hof helfen können. Das Bild der Frau und das Bild des Mannes haben sich geändert.

Viele Frauen haben sich von der Rolle als Mutter befreit und bewiesen, dass sie ebenso in der Lage sind, Karriere zu machen und ihr eigenes Geld zu verdienen wie die Männer. Auch die Rolle des Mannes hat sich deutlich verändert. Als Oberhaupt der Familie und Hauptverdiener wurde er als wichtigster Teil der Gruppe gesehen. War früher die Frau für die Kindererziehung zuständig, so finden sich heute viele Männer, die lieber daheimbleiben, den Haushalt erledigen und die Frau arbeiten gehen lassen. Heute ist klar, dass er mit der Frau auf einer Stufe steht.

Die Gleichberechtigung hat sich in den Vordergrund gedrängt und die Grenzen zwischen männlich und weiblich sind nicht mehr so klar definiert wie einst. Neue Rollen sind entstanden und durchbrechen das einstige Konzept einer gewöhnlichen Familie. Die

Patchworkfamilie hat sich erfolgreich etabliert und beweist ihren hohen Stellenwert in der Gesellschaft. Traditionsreiche Familienunternehmen sind in einigen Ländern der Welt zur Seltenheit geworden. Die klassischen Mehrgenerationenhäuser gibt es immer weniger. Kinder ziehen von ihren Eltern weg, in eine andere Stadt oder ein anderes Land. Man wird komisch von der Seite angeschaut, wenn man mit 30 Jahren noch daheim wohnt. Selbstständigkeit und Unabhängigkeit sind ein großes Thema und werden als wichtiger Status angesehen.

Ein gutes Verhältnis zu den Eltern ist schön, aber der Abstand muss gewahrt werden. Entfernung ist nicht mehr das Gleiche. In 2 Stunden ist man 5 Länder weitergeflogen und an einem Tag kann man einmal um die Welt fliegen. Der Blickwinkel und die Art der Kommunikation haben sich geändert. Man kann nicht eben mal runter zur Oma gehen und fragen, wie man den Hefeteig am besten zubereitet. Zwar wäre ein Griff zum Telefon möglich, aber mit dem Internet ist man schneller bedient.

Die richtigen Antworten sind meist nur einen Mausklick entfernt und weil die Informationsbeschaffung so schnell und einfach funktioniert, ist die Information meist genauso schnell wieder vergessen. Mit

Sicherheit behält jemand, der sein Wissen persönlich bei der Großmutter abgeholt hat, dieses länger als jemand, der es schnell mal gegoogelt hat.

Die Gesellschaft hat sich gewandelt und somit auch der Weg zur Selbstverwirklichung. Für viele ist dieser schwieriger geworden. Anstatt der Sicherheit von damals kommt nun die Unsicherheit und Orientierungslosigkeit von heute. Das Angebot und die Auswahl sind so hoch, dass man leicht den Überblick verliert. Im Dschungel der Entscheidungen ist es schwer, sich einen Weg zu bahnen. Hatte man früher nur die Wahl, im Dorf Schmied, Bauer oder Bäcker zu werden, so steigern sich heute die Möglichkeiten der Berufswahl ins Unermessliche.

Kein Wunder, dass viele Jugendliche nach der Schule nicht wissen, wohin mit sich selbst. Kaum einer ist in der Lage, auf Anhieb die richtige Wahl zu treffen. Es ist nicht mehr schlimm, wenn man sich noch mal umentscheidet, denn man hat mit Sicherheit etwas dabei gelernt. Für manche ist es sogar erfüllend, sich stets neu zu orientieren und nie das Gleiche zu machen. Andere hingegen finden ihr Glück in der Routine des Alltags. Klar ist, dass die Selbstverwirklichung heute um einiges komplexer ist und der Weg dorthin deutlich mehr Abzweigungen aufweist als damals

Die Maslowsche Bedürfnispyramide

D er US-amerikanische Psychologe Abraham Maslow entwickelte ein sozialpsychologisches Modell, welches die Bedürfnisse eines Menschen in einer festgelegten Reihenfolge aufzeigt. Häufig wird die Maslowsche Bedürfnispyramide in der Wirtschaft und auch in der Psychologie und Soziologie als Veranschaulichung benutzt.

Maslow unterscheidet in seinem Modell fünf aufeinander bauende Bedürfniskategorien:

Physiologische Bedürfnisse: Sie stehen auf der untersten Stufe und genießen damit höchste Priorität.

Sie dominieren nach Maslowsche Vorstellung so lange, bis sie adäquat befriedigt werden, auf sie richtet sich die gesamte oder zumindest in absolut dominierender Weise unsere Motivation (z. B., Schlafbedürfnis, Fortpflanzung, Essen)

• **Sicherheitsbedürfnisse:** Sicherheitsbedürfnisse beziehen sich sowohl auf indirekte Faktoren, wie z. B. Gefährdung des Jobs, als auch auf konkrete Bedrohungen wie Krankheiten oder andere Gefahren. Diese Bedürfnisse sind erst mit dem Gefühl erfüllt, das man hat, wenn die Lebensumstände und gewohnten Strukturen erhalten bleiben. Sicherheit wird von den Menschen sehr unterschiedlich wahrgenommen, wobei auch gesellschaftliche Normen eine Rolle spielen. Sie beschreiben das Bedürfnis nach Sicherheit und den Schutz vor Gefahr, Angstfreiheit und Vorsorge. (z. B. materielle Grundsicherung, Haus, Gesundheit)

• **Soziale Bedürfnisse:** Hierbei geht es um den Wunsch nach zwischenmenschlichem Kontakt und sozialer Nähe sowie um das Bedürfnis nach Zugehörigkeit und Liebe. Diese Bedürfnisse sind darauf ausgerichtet, eine Mangelerscheinung zu beseitigen, die auf der fehlenden Nähe zu anderen Menschen beruht. Wir sind als soziale Wesen davon abhängig, dass wir uns mit anderen Menschen verständigen und austauschen.

Wir werden von anderen Menschen geliebt und erwidern ihre Zuneigung. (z. B. Liebe, Partnerschaft, Kommunikation)

• **Individualbedürfnisse**: Maslow unterteilt diese in zwei Unterkategorien: die Sehnsucht nach Anerkennung, mentaler und körperlicher Kraft, Eigenständigkeit und Freiheit. Als eine passive Komponente des Selbstwertgefühls, das nur von anderen Menschen erfüllt werden kann, sieht er den Wunsch nach Ansehen, Bedeutsamkeit und dem Ruf.

• **Selbstverwirklichung**: Diese versucht er, als einen spezifischen und eingeschränkten Entwurf zu definieren. Dabei geht es um den Drang, das eigene Leistungsvermögen auszuschöpfen, also seine bereits vorhandenen Anlagen zu erweitern (eine gute Mutter zu sein, ein Sportler, ein Entdecker usw.).

Die Sicherheitsbedürfnisse der zweiten Stufe entwickeln sich erst, wenn die physiologischen Bedürfnisse der ersten Stufe zum Großteil erfüllt sind. So setzt es sich auch mit den darauffolgenden Stufen fort. Der Einzelne sehnt sich erst nach Erfüllung der sozialen Bedürfnisse, wenn die Sicherheitsbedürfnisse ausreichend erfüllt sind. Somit stellt sich das Bedürfnis nach Selbstverwirklichung erst ein, wenn alle anderen vier

Bedürfniskategorien in einem ausreichenden Ausmaß erfüllt sind.

Maslow beschreibt die ersten vier Kategorien als Defizit- oder Mangelbedürfnisse. Es kommt also zu einem Defizit, wenn diese Bedürfnisse nicht gedeckt werden, und dieser kann negative psychische und physische Auswirkungen haben. Wenn diese Mangelbedürfnisse erfüllt sind, hat der Einzelne keinen Anlass mehr, nach weiterer Befriedigung dieser Wünsche zu streben. Bei der Selbstverwirklichung verhält es sich anders. Diese wird von Maslow als Wachstumsbedürfnis beschrieben, weil sie nie vollkommen erfüllt werden kann, sodass man sie immer weiter anvisiert.

Aristoteles: Glück durch Selbstverwirklichung

S chon in der Antike galt die Selbstverwirklichung als hohes, erstrebenswertes Gut, welches
keine Erfindung der Neuzeit ist. Nach einem der
bedeutendsten Philosophen der Geschichte, Aristoteles, liegt darin der Weg zum Glück.

Laut Aristoteles trägt jedes Lebewesen, jeder Or-
ganismus und jedes Sein ursprünglich ein Ziel und einen Zweck in sich selbst, der danach strebt, sich im
vollen Umkreis seiner Möglichkeiten zu verwirklichen.

Gemäß seiner inneren Zielstrebigkeit entfaltetes sich jedes Lebewesen selbst. Alles, was ist, strebt danach, sich in der Fülle seiner Möglichkeiten, auf die es angelegt ist, zu verwirklichen. Die eigene Vollkommenheit ist etwas, zu dem die Welt gedrängt wird. Dieser Drang ist die Natur selbst, ein enormes Geschehen der Selbstverwirklichung und Selbstvervollkommnung.

Das letzte Ziel einer menschlichen Handlung ist Glück. Glücklich sein kann der Mensch aber erst dann, wenn sein Leben in tugendmäßiger Tätigkeit vollbracht wird. Das bedeutet, dass das Ziel eines glücklichen Lebens für jeden Menschen zu erreichen ist. Als Voraussetzung dafür ist etwas Positives, durch gezieltes Handeln für das Wohl der Allgemeinheit zu nutzen und nicht nur dem eigen Wohl zu dienen. Um das Lebensglück zu erreichen, soll der Mensch nach den Idealen leben, die entsprechend den allgemeinen Ansprüchen und Vorstellungen der Gesellschaft der jeweiligen Zeit sind.

Man könnte sagen, das Glück ist ein schwer zu erreichendes Ziel, da es als letzte Stufe des Handelns beschrieben wird. Die Absicht, das glückliche Leben zu erreichen, ist die Bedingung für das bewusste Ansteuern nach dem tugendgemäßen Agieren des Menschen. Aristoteles sagt, dass ein Leben voller Glück für jedes

Individuum erst dann zu erreichen ist, wenn die Option gegeben ist, seine vollständigen Kompetenzen und Perspektiven zu entwickeln, um so die uneingeschränkte geistige Ganzheit und Ausbreitung sowie Harmonie zu erlangen. Der Mensch soll sich innerhalb den von der Gesellschaft gegebenen Regeln frei entwickeln und seinen Interessen und seinem Potenzial nachgehen, weil er selbst es so möchte.

Nach Aristoteles existieren drei Arten des Glücks. Die Erste spricht von einem Leben aus Lust und Vergnügen. Für diese Person ist sein Glück auf sein Wohlbefinden ausgerichtet und Dinge wie Spaß, Freizeit und Unterhaltung sind der wichtigste Teil seines Lebens.

Die zweite Form ist ein Leben als verantwortungsbewusster, in seinem Handeln uneingeschränkter Mensch. Im Mittelpunkt steht hier das Verantwortungsbewusstsein in Form von sozialer Gerechtigkeit und sozialem Engagement. Diese beinhalten auch den Handlungsspielraum und die freie Fortentwicklung des Körpers und der Seele.

Dieser Mensch will erreichen, dass das eigene Glück und das Glück anderer Menschen über die Verbesserung der sozialen Situation entsteht und sich entwickelt.

Die dritte Form des Glücks beschreibt ein Leben als Philosoph und Forscher. Das Wichtigste für diesen Menschen ist es, sich selbst und anderen Klarheit über deren Existenz zu verschaffen und deren Verbesserung und die Aufklärung von Hindernissen verbunden durch den Progress anzustreben. Aristoteles betont jedoch immer wieder, dass eine Form von Einseitigkeit nicht den erhofften Erfolg bringt, sondern auch ein „goldener Mittelweg" zum Ziel führen kann. Das Glück ist also eine Mischung aus den drei Formen, wobei es eine bestimmende und zwei schwächere gibt, die aber auch existieren müssen, um das Leben als glücklich zu bezeichnen.

Werte reflektieren

Bevor Sie sich an die große Aufgabe der Selbstverwirklichung wagen, sollten Sie sich über einige Dinge im Klaren sein. Machen Sie sich über die verschiedenen Bereiche in Ihrem Leben Gedanken. Familie, Freunde, Liebe, Karriere, Finanzen, Gesundheit. Folgende Fragen sollten Sie sich unter anderem stellen:

• Liebe ich mich selbst?

• Fühle ich mich geliebt?

• Bin ich ein sozialer Mensch?

• Fühle ich mich in meiner Arbeit wohl?

• Fühle ich mich gesund?

• Wie wichtig ist mir Geld?

• Bin ich mit mir selbst im Reinen?

- Bereichert mein Leben mich?
- Bereichere ich andere?
- Bin ich glücklich?

Natürlich kann man diese Liste noch mit eigenen Fragen ergänzen. Erstellen Sie eine Momentaufnahme Ihrer gegenwärtigen Lage. Dabei ist nicht die Rede von kurzen negativen Augenblicken, wenn man zum Beispiel einen schlechten Tag auf der Arbeit hatte oder der Kollege einen mal wieder nervt. Gemeint ist die allgemeine Zufriedenheit mit seinem Leben oder wie man mit gewissen Situationen umgeht.

Bleiben wir einmal bei dem Beispiel mit dem nervigen Kollegen: Wie reagiere ich in dieser Situation und bin ich mit dieser Reaktion zufrieden? Ein Mensch, der näher an der Selbstverwirklichung ist, wird diesen Umstand leicht wegstecken. Wer sich aber zu sehr davon beeinflussen lässt und sich den ganzen restlichen Tag darüber ärgert, hat eigentlich kein Problem mit dem Kollegen, sondern mehr mit sich selbst.

Wenn Sie in einer Stresssituation Ruhe bewahren und am Ende sogar etwas Positives daraus ziehen können, dann ist bereits ein guter Schritt in Richtung Selbstverwirklichung getan. Viele sind sogar schon viel näher daran, als sie denken. Deshalb ist es wichtig, sich erst einmal selbst zu reflektieren, genau in sich hineinzuhören und – vor allem – ehrlich zu sich selbst zu sein. Erfassen Sie Ihre aktuelle Lebenssituation. Bewerten Sie sich selbst und das, was Sie tun. Schreiben Sie alles auf, was damit zu tun hat, wer Sie in diesem Augenblick sind. So können Sie eine Art Basis für das Ziel der Selbstverwirklichung erschaffen.

WAS WILL ICH?

Sie wissen nun, wo Sie stehen. Jetzt müssen Sie herausfinden, was Sie wollen. Nehmen Sie sich Zeit und denken Sie ganz genau über diese Frage nach.

Was wollen Sie vom Leben? Was sind Ihre Ziele, Träume und Erwartungen? Gibt es etwas, das Sie unbedingt erreichen, ausprobieren oder sehen wollen? Damit sind nicht unbedingt materielle Dinge wie Geld, ein Haus oder ein Auto gemeint. Vieles ist wichtiger als das, zum Beispiel, mit sich selbst im Reinen zu sein, glücklich zu sein oder etwas Bedeutendes zu erschaffen. Vielleicht gibt es etwas in Ihrer Vergangenheit, das Sie immer noch belastet, und Sie wünschen sich, endlich davon befreit zu sein. Sie möchten alte Schuldgefühle loswerden oder einen Fehler wiedergutmachen. Ein anderer sucht eher nach Akzeptanz sich selbst gegenüber. Der Nächste möchte sein Glück finden, egal, in welcher Form. Ein anderer sehnt sich nach Harmonie und Geborgenheit in sich selbst.

Überlegen Sie genau und denken Sie an etwas oder einen Moment, bei dem Sie Spaß hatten, sich wohlgefühlt haben oder einfach nur glücklich waren. Was war der Grund? Haben Sie eine bestimmte Tätigkeit gemacht oder waren Sie mit bestimmten Menschen zusammen? Vielleicht wissen Sie auch noch nicht, was Ihnen Spaß macht, dann würde ich Ihnen vorschlagen, einfach so viel wie möglich auszuprobieren. Sie wissen nicht, was Sie arbeiten wollen?

Machen Sie ein Praktikum in verschiedenen Bereichen und Sie werden schnell merken, was Ihnen gefällt und was nicht. Es wird nicht einfach sein, die Frage „Was will ich?" zu beantworten. Viele suchen sehr lange nach dem "Was" oder dem "Grund". Manchmal findet man auch keine klare Antwort darauf. Oft ist es eine Kombination aus mehreren Antworten. Einige finden die Antwort auch erst, wenn Sie schon auf dem Weg sind oder sie orientieren sich noch einmal neu, was in keinem Fall verwerflich ist.

Auch, wenn das Bedürfnis nach Selbstverwirklichung nicht mit dem Wunsch nach ausreichend Nahrung oder einer geschützten Unterkunft gleichgestellt werden kann, so ist sie dennoch als elementares Verlangen eines Geschöpfs anzuerkennen. Wenn Defizitbedürfnisse noch nicht erfüllt sind, wird sich der Drang nach Selbstverwirklichung nicht entwickeln. Wird diesem entfachten Wunsch aber nicht nachgegangen, kann dies ebenfalls negativen Stress auslösen. Oft sind dann fatale psychische Probleme wie beispielsweise Minderwertigkeitsgefühle das Ergebnis.

Deshalb ist es durchaus sinnhaft, das Bedürfnis nach Selbstverwirklichung bewusst zu verfolgen, sobald Sie den Drang danach in sich spüren, um in Ihrem Leben Eintracht und Harmonie zu erreichen.

WIE KOMME ICH DORTHIN?

Haben Sie Ihr Ziel jetzt fest im Blick, dann stehen Sie vor der Frage "Wie?". Wie schaffe ich es, mein Ziel der Selbstverwirklichung zu erreichen? Was kann ich dafür tun? Was muss ich dafür ändern? Wenn Sie unglücklich mit Ihrem Leben sind, dann ändern Sie etwas daran.

Es ist schwer, seine gewohnte Umgebung oder sein Umfeld zu verlassen, da der Mensch ein Gewohnheitstier ist. Aber wenn Sie genau wissen, dass Ihnen z. B. die Arbeit keinen Spaß macht oder die Leute, die

Sie umgeben, Sie in eine negative Stimmung versetzen, dann müssen Sie den Mut aufbringen, etwas zu ändern. Nur Veränderung verspricht den nötigen Erfolg. Wenn Sie Angst davor haben, Ihren Job zu kündigen, dann gehen Sie die Sache langsam an. Machen Sie sich einen Plan. Was würde passieren, wenn Sie kündigen? Welche Möglichkeiten bieten sich Ihnen?

Schreiben Sie alle positiven und negativen Dinge auf. So erhalten Sie eine Übersicht. Notieren Sie sich Ihre aktuelle Lage und das Ziel, welches Sie sich gesetzt haben. Es hilft auch, sich in kleinen Schritten zu bewegen. Überlegen Sie sich, was Sie an Ihrer Arbeit ändern würden, damit Sie Spaß daran haben. Was wäre ein ausschlaggebender Punkt, um doch zu kündigen? Brauchen Sie die Sicherheit, dass bereits ein anderer Job in Aussicht ist? Überdenken Sie diese Dinge genau und konstruieren Sie sich so Ihren eigenen Weg.

Es gibt aber auch die Art von Menschen, die Ihren Job gern machen und trotzdem das Gefühl haben, noch nicht da angekommen zu sein, wo Sie hinwollen. Sie haben Spaß bei der Arbeit, aber irgendwie fehlt etwas, man fühlt sich unausgelastet und unzufrieden mit sich selbst. Vielleicht ist es nur eine Kleinigkeit und man muss den richtigen Ausgleich im Alltag finden. Haben Sie einen stressigen oder körperlich anstrengenden

Job, dann gönnen Sie sich in Ihrer Freizeit Ruhe und Entspannung. Haben Sie einen Bürojob, dann versuchen Sie, nach Feierabend aktiv zu sein. Ein Spaziergang am Abend ist nicht nur gut für die geistige Gesundheit, sondern hat auch positive Auswirkung auf Ihren Schlaf. Fühlen Sie sich körperlich ausgelastet, dann beschäftigen Sie Ihr Gehirn.

Lesen Sie ein Buch, machen Sie ein Kreuzworträtsel oder schauen Sie einen informativen Film. Auch eine Mischung aus körperlicher und geistiger Aktivität kann von Vorteil sein, z. B. Podcast während des Joggens oder im Fitnessstudio anstatt Musik ein spannendes Hörbuch hören.

Jeder Mensch beschreitet sein Weg anders. Vielleicht haben zwei Freundinnen das gleiche Ziel, z. B. möchten Sie sich zufriedener fühlen. Die eine findet diese Zufriedenheit, indem sie zweimal die Woche lange wandern geht, die andere hat angefangen zu meditieren. Jeder ist individuell und nicht umsonst heißt es „Alle Wege führen nach Rom". Für den einen mag dieser Weg besser passen und für den anderen jener.

Ketten sprengen

Um sich auf neue Ziele fokussieren zu können, ist es wichtig, den alten Ballast abzulegen. Nur so ist der Weg frei für ein erfüllteres und selbstbestimmteres Leben. Sprengen Sie die Ketten, welche Sie in dieser Situation, in dieser Art des Lebens gefangen halten. Trennen Sie sich von Dingen und Menschen, die Sie herunterziehen und Ihnen kein gutes Gefühl geben.

Haben Sie diese eine Freundin oder diesen einen Freund, den Sie schon sehr lange kennen, aber Sie merken, dass sich Ihre Leben entfernt haben, dass Sie keine Gemeinsamkeiten mehr besitzen und Sie sich eigentlich nur noch aus Gewohnheit treffen? Manchmal passiert es einfach, dass das Interesse an einer anderen Person aufgrund der Veränderung in deren Leben oder im eigenen Leben verloren geht und plötzlich wird aus einem Freund ein Fremder.

Es kann sein, dass diese Freundschaft irgendwann neu aufblüht, aber wenn Sie bei dieser Beziehung keinen Mehrwert spüren, z. B. freuen Sie sich nicht mehr auf ein Treffen, dem Gespräch folgen Sie nur aus Höflichkeit und nicht aus Interesse, Sie haben nicht das Bedürfnis, dieser Person von Ihrem Leben zu erzählen, dann sollten Sie den Mut und die Willenskraft haben, sich von dieser Beziehung zu lösen. Auch, wenn es schwerfällt und Sie für kurze Zeit ein schlechtes Gewissen plagen wird, so tun Sie sich selbst und wahrscheinlich auch Ihrem Gegenüber einen Gefallen und machen so den Platz frei für neue Personen.

Umgeben Sie sich nur mit Leuten, die Ihnen ein gutes Gefühl geben und so Ihr Leben bereichern. Konzentrieren Sie sich auf die Menschen, die Ihnen wichtig sind, auf Ihre Familie. Nutzen Sie die Zeit, um sie mit denen zu verbringen, die nicht mehr lange da sein werden. Machen Sie lieber einen Spieleabend mit Ihrer Oma, statt mit Ihrer Arbeitskollegin, die Sie nicht leiden können, in eine Bar zu gehen.

Es sind aber nicht nur die Menschen um Sie herum, welche Sie ausbremsen oder gefangen halten können, sondern vielleicht auch ein Hobby, das keinen Spaß mehr macht, ein Ort, an dem Sie sich nicht mehr wohlfühlen, oder die Arbeit, die Sie langweilt. Überlegen Sie, was Sie ändern müssten, um sich freier zu fühlen und um sich auf neue Dinge konzentrieren zu können. Ketten müssen nicht unbedingt gesprengt werden, Sie können sich auch langsam von ihnen lösen.

Der eine kündigt Job und Wohnung von heute auf morgen, um in die Welt zu ziehen, der andere benötigt dafür ein Jahr, weil es ihm wichtig ist, den neuen Mitarbeiter richtig einzulernen oder sich selbst um seinen Nachmieter zu kümmern. Haben Sie Ihre Ketten erst einmal erkannt, dann ist es nicht mehr wichtig, sich schnell von ihnen zu trennen, vielleicht müssen Sie das auch nicht, sondern formen diese so um, dass Sie nichts mehr sind, was Sie aufhält, sondern etwas, das Sie unterstützt und eine Basis bietet.

Hatten Sie immer das Gefühl, dass Ihre Familie Sie von etwas abhält, weil Ihre Mutter froh war, dass Sie noch daheim wohnen, dann können Sie dieses Gefühl des Nicht-Loslassens in ein Gefühl der Sicherheit ändern. Sie wissen, dass Sie immer einen Ort haben, an den Sie zurückkehren können und wo Sie jederzeit willkommen sind. Es ist eine andere Art, mit diesem Thema umzugehen, aber letztendlich kann das nur jeder für sich selbst entscheiden. Sie sollten sich nur im Klaren sein, wo und was Ihre Ketten sind und welcher für Sie der richtige Weg ist, diese zu entfernen.

Neue Ziele finden

Neue Ziele zu finden, ist ein Grundbaustein auf dem Weg zur Selbstverwirklichung, denn nur Veränderung führt Sie auf den richtigen Pfad. Ohne diese bleiben Sie in Ihrer aktuellen Situation gefangen. Schon mit kleinen Veränderungen ist ein großer Schritt getan. Überlegen Sie sich, wie Sie Ihren Alltag umgestalten können.

Lernen Sie neue Leute kennen und suchen Sie sich langfristig neue Ziele. Entdecken Sie neue Interessen und sagen Sie ja anstatt nein. Beweisen Sie Mut und vertrauen Sie auf Ihr Inneres. Fangen Sie damit an, sich ein neues Hobby zu suchen. Wenn Sie die Lust daran verlieren, ist das nicht weiter schlimm, denn sicher haben Sie trotzdem etwas gelernt. Wenn Sie denken, dass Sie eher der bequeme Typ sind, dann testen Sie Ihre Grenzen aus. Machen Sie Sport. Schauen Sie, wie es sich anfühlt und wie es Sie verändert. Probieren Sie es aus. Auch wenn Sie nach einiger Zeit merken, dass es nicht für Sie passt und Sie lieber auf der Couch liegen und ein Buch lesen, dann haben Sie es sich eben selbst bestätigt, dass Sie bereits das für Sie Richtige getan haben.

Jetzt wissen Sie, dass der Schritt eben zu groß war und Sie vielleicht einfach nur von Liebesromanen auf Fantasy-Bücher wechseln sollten. Genauso lernt man sich selbst und seine Interessen und Fähigkeiten besser kennen und kann sich so für die Zukunft schneller und einfacher neue Ziele setzen.

KOMMUNIKATION

Kommunikation ist ein wichtiger Schlüssel zur Problemlösung und ein weiterer wichtiger Schritt zu seinem höheren Selbst. Denn egal, was wir tun, wir verständigen uns immer. Jeder kennt das gute Gefühl nach einem interessanten, unterhaltsamen und lösungsorientierten Gespräch, ob in einer Gruppe oder in einer Konversation unter vier Augen. Menschen sehnen sich nach gleich gesinnten, andere, die einen verstehen und im besten Fall die gleichen Ansichten vertreten.

Man unterscheidet hierbei zwischen verbal und nonverbal. Unter nonverbaler Kommunikation versteht man den Austausch über Gestik und Mimik. Damit sind aber auch Dinge gemeint, an die Sie nicht im ersten Moment denken, wie zum Beispiel: Bilder sehen, Geräusche oder Musik hören, Gerüche wahrnehmen, Geschmack feststellen oder Dinge ertasten. Das Ganze kann man an einem einfachen Beispiel erklären: Sie erzählen einen Witz und als Reaktion bekommen Sie ein Lachen. Das ist dann die nonverbale Reaktion.

Die verbale Kommunikation ist der Austausch zweier Menschen durch die Sprache. Hierfür gibt es zwei Ebenen: Die Inhaltsebene oder auch digitale Ebene genannt, bezieht sich auf Tatsachen und Fakten, also sogenannte Sachinhalte. Der Empfänger entscheidet, wie er die Information bewerten möchte, indem er dieser zustimmend oder ablehnend gegenübersteht. Die Beziehungsebene, auch analoge Ebene genannt, übermittelt Gefühle und Emotionen. Wichtig dabei ist, welche Beziehung Empfänger und Sender zueinander haben. Das kann man daran erkennen, wie beide miteinander sprechen. Man kann sich auf der

Beziehungsebene kritisiert oder wertgeschätzt fühlen. Sobald sich zwei Menschen wahrnehmen, kommunizieren sie miteinander, und dabei muss nicht unbedingt Sprache verwendet werden. Um sich selbst besser zu verstehen, hilft oftmals der Austausch mit anderen Personen. Dadurch werden neue Perspektiven eröffnet und die eigenen Gedanken erweitert. Außerdem ist eine vernünftige Verständigung im alltäglichen Leben ein wichtiger Bestandteil.

Selbstoffenbarung

Ein Teilgebiet der Kommunikationswissenschaft beschäftigt sich mit dem Thema Selbstoffenbarung und wie es dazu kommt. Dabei wird beschrieben, mit welcher Methode Menschen einander Auskünfte über sich selbst zukommen lassen und bewirkt, dass über den Begleitumstand einer Beziehung mehr Klarheit herrscht.

Daher bewirkt die Selbstenthüllung eine Entwicklung von persönlichen Regeln und vertraulicheren Beziehungen. Wieso untersucht die Psychologie, welche Rolle dieser Prozess beim Eingehen oder dem Erhalt von Freundschaften oder Beziehungen spielt? Einige Beziehungen halten nur ein paar Monate, andere ein

Leben lang. Am Anfang einer jungen Liebe strömt eine bunte Mischung aus Hormonen durch Ihren Körper und Sie können nicht genug von der anderen Person bekommen. Sie werden durchflutet von Gefühlen wie Nervosität, Lust und Erregung.

Aber was bleibt, wenn diese Emotionen langsam verfliegen? Warum halten Paare an ihrer Beziehung fest, wenn die erste Flamme der Leidenschaft verlischt? Was kann man tun, um diese Beziehung lebendig zu halten? Schnell kann es langweilig werden, wenn sich der Alltag einschleicht und die aufregenden Gefühle vom Anfang verschwinden. Dies muss aber nicht zwingend der Fall sein. Es gibt psychologische Mechanismen, die eine beziehungserhaltende Rolle spielen. Die Bedeutung der Selbstoffenbarung und das Bewusstsein für die Bedürfnisse des anderen sind beides Prozesse, die für die Entstehung und die Aufrechterhaltung von Intimität, Vertrautheit und emotionaler Nähe sorgen. Beide Punkte haben einen großen Anteil daran, wie sich eine Beziehung gestaltet.

Bleiben wir bei dem Beispiel einer Liebesbeziehung: Hier befinden sich die Partner auf der gleichen Interaktionsebene. Selbstoffenbarung und Bedürfnisbewusstsein finden im gegenseitigen Austausch statt. Dies beschreibt eine horizontale Beziehung. In einer

Partnerschaft ist es wichtig, ein Bewusstsein für die Bedürfnisse des Gegenübers zu haben und sensibel darauf zu reagieren. Aber warum ist das so? Sie möchten sich von der Person, die Sie mögen, auch verstanden fühlen. Ihr Partner soll Ihr Selbst akzeptieren und wertschätzen, bevor Sie persönliche Dinge mit dieser Person teilen. Erst, wenn sich dieses Gefühl einstellt, kann emotionale Nähe aufgebaut werden.

Natürlich kann es auch passieren, dass Sie sich jemandem öffnen und dieser anders reagiert, als Sie es sich wünschen. Ihre Erwartungen erfüllen sich nicht oder sind gänzlich negativ. Ihnen fehlt die nötige Wertschätzung oder Sie haben das Gefühl, nicht ernst genommen zu werden. Sie verweigern eine weitere Selbstoffenbarung, wenn Sie keine Akzeptanz für Ihr Selbst aufseiten Ihres Partners finden. Häufig wird aber auch die Sensibilität und das Bewusstsein des anderen für Ihre Bedürfnisse unterschätzt. Für die emotionale Nähe ist es sogar wichtiger, unserem Partner diese Sensibilität zu unterstellen als dessen tatsächliche Reaktion. Also kommt es nicht zwingend darauf an, ob und wie sehr der Partner sich wirklich für Ihre Bedürfnisse interessiert, oft reicht allein der Glaube aus, um an einer Beziehung festzuhalten.

Das führt häufig dazu, dass beide Partner in einer Beziehung die Sensibilität des anderen überschätzen. So tendieren Sie zu einem größeren Maß an Selbstenthüllung, was sowohl zu mehr Vertrautheit als auch zu einer zunehmenden emotionalen Nähe führt. Das bewirkt ein innigeres Verhältnis, obwohl die Ausgangslage nur aus geringem Bedürfnisbewusstsein bestand.

Man spricht hier von einer selbsterfüllenden Prophezeiung, welche beinhaltet, dass Sie an einen bestimmten Umstand glauben und Ihr Handeln danach richten. Selbstoffenbarung kann aber nicht nur passieren, wenn Sie Ihren Freund bei einer Tasse Tee persönliche Dinge erzählen. Sie kann auch schriftlich erfolgen. Zum Beispiel in Form von Austausch über ein Mobiltelefon oder das Internet. Damit sind E-Mails, Messenger-Dienste oder auch ein handgeschriebener Brief gemeint. Vor allem bei Jugendlichen ist diese Art von Kommunikation sehr beliebt und gefragt. Meist ist es auch der leichtere Weg, seine Gefühle auszudrücken, da man mehr Zeit hat, darüber nachzudenken. Was nicht heißt, dass es der beste Weg ist, denn oft fällt dann eine reale Konversation von Angesicht zu Angesicht sehr schwer.

Zudem kann die Selbstenthüllung in die generalisierte und die dyadische Art unterteilt werden. Die generalisierte Enthüllung bedeutet, dass Sie fast allen Menschen gegenüber sehr viel von sich preisgeben. Sie werden dann zwar als sehr offene und authentische Persönlichkeit wahrgenommen, doch kann sich das auf manch engere Beziehung negativ auswirken. Wenn Sie sich zum Beispiel in einer Liebesbeziehung mit einem sehr offenen Partner befinden, kann es unter Umständen dazu kommen, dass Sie es als negativ empfinden, wenn vermeintliche Geheimnisse, von denen Sie dachten, dieser hätte sie nur Ihnen anvertraut, plötzlich auch alle Ihre Freunde wissen. Vertraute Augenblicke und Gespräche haben für Sie dann nicht mehr die gleiche Bedeutung.

Die dyadische Enthüllung bezieht sich nur auf den Beziehungspartner. Das ruft ein Gefühl der Besonderheit und einer gewissen Exklusivität hervor. Ein Geheimnis, eine Offenbarung oder Enthüllung bleibt in der Vertrautheit der Partnerschaft. Kurz zusammengefasst, schafft Selbstoffenbarung einen Austausch von Geheimnissen und dadurch emotionale Nähe zwischen zwei kommunizierenden Parteien, was wiederum dazu führt, dass man sich selbst eine Basis für positive Gefühle schafft, auf die man weiterhin aufbauen kann.

Verantwortung

Verantwortung ist die Abgabe bzw. Übernahme einer absichtlichen Pflichterfüllung als eine Art von Handlungen, einschließlich deren Auswirkungen. Der Begriff beinhaltet den der Antwort, da man, wenn man Verantwortung übernimmt, eine Antwort schuldig ist. Dies ist im Rahmen einer Stellung, verbunden mit Verpflichtung und einer übernommenen Aufgabe, beschrieben.

Dabei wird das jeweils Richtige und Notwendige getan, um die angepeilten Ziele zu erreichen. Verantwortung kann einem von einer Person, einer Gruppe oder sich selbst auferlegt werden. Sie können sowohl die Verantwortung für ein Tier als auch die

Verantwortung für ein Projekt haben. Es bedeutet, eigenständige Entscheidungen zu treffen und für deren Auswirkungen, egal, ob Erfolg oder Misserfolg, einzustehen. Ist jemandem die Verantwortung für eine bestimmte Aufgabe oder dauerhafte Aufgabenstellung zugewiesen, spricht man von Verantwortlichkeit. Damit gehen größere Handlungsspielräume und natürlich auch Macht einher.

Große Verantwortung im Beruf kommt meist mit einem Aufstieg. Mitarbeiter werden dafür bezahlt, dass sie die Verantwortung für ihre Entscheidungen übernehmen. Dies bedeutet auch, dass man bei Fehlern und Rückschlägen zur Rechenschaft gezogen werden kann. Ein wichtiger Teil der Verantwortlichkeit ist es somit auch, mit negativen Konsequenzen umzugehen. Als Leiter einer Abteilung übernimmt man die Verantwortung für seine Mitarbeiter und teilt sich somit deren Erfolge und Misserfolge. Das heißt zwar, dass man mehr Kontrolle und Entscheidungsfreiheit geniest, aber auch für die Fehler seiner Mitarbeiter geradestehen muss.

Aber was hat Verantwortung mit Selbstverwirklichung zu tun? Im Umgang mit Menschen und mit sich selbst ist die Verantwortung einer der wichtigsten Werte. Wenn Sie Verantwortung für Ihr eigenes

Handeln und Tun übernehmen, heißt das, dass Sie sich Ihrer moralischen Pflicht bewusst sind und Einsicht zeigen. Mit Pflichten sind sowohl die gesellschaftlichen als auch die selbst auferlegten gemeint. Dies bedeutet, dass Sie einen wertschätzenden Umgang mit einer Person oder einem Objekt zeigen.

Es stärkt die eigene Resilienz, Verantwortung zu übernehmen. Resilienz bedeutet, an sich selbst zu wachsen, flexibel zu sein und selbstwirksam zu handeln. Wenn Sie selbstverantwortlich handeln und denken, müssen Sie sich dieser Verantwortung stellen, die Konsequenzen erkennen und auch selbst nach Lösungen suchen. Durch die aktive Anerkennung von Schuld können Sie sich von innen heraus stärken und für spätere Momente lernen.

Verantwortung bedeutet, an sich selbst zu wachsen. Übernehmen Sie Verantwortung für andere, wird es Ihnen leichter fallen, diese auch für sich selbst zu übernehmen. Verantwortung für sein eigenes Leben und Handeln zu übernehmen, ist eine große Bereicherung und ein weiterer bedeutender Schritt Richtung Selbstverwirklichung.

Selbstbewusstsein

Selbstbewusstsein ist ein Begriff, der mehrere Bedeutungsebenen hat. Man findet ihn häufig in der Philosophie, Soziologie, Psychologie und der Geschichtswissenschaft. Selbstbewusstsein ist das Überzeugt-Sein von Ihren Begabungen und Talenten, von Ihrer Bedeutsamkeit als Person, in Verbindung mit einer selbstsicheren Darstellung der eigenen Person.

Wer Vertrauen in seine Talente hat, sich seiner Fähigkeiten bewusst ist und sie als besonders wichtig erachtet, der verfügt über Selbstbewusstsein. Ein wichtiger Abschnitt des Selbstbewusstseins ist die Fähigkeit der Selbsteinschätzung, zu welcher aber nur derjenige imstande ist, der sich selbst von außen betrachten kann. Das bedeutet, kritisch auf seine vorangegangenen Handlungen zu blicken, diese einschätzen zu können und sie gegebenenfalls zu verbessern. Es gibt ein gemeinsames Gruppenselbstbewusstsein und ein Selbstbewusstsein der einzelnen Person.

Darunter versteht man das aktive, durch die innere Gedankenkette herbeigeführte Erfassen des eigenen Wesens. Die Verteilung von Werten durch andersdenkende Beteiligte der Gruppe führt zum Entdecken und Bestimmen der eigenen Wesensart und trägt zur Entfaltung des Selbstkonzepts bei. Ein selbstbewusster Mensch sieht seiner Zukunft weitestgehend positiv, furchtlos, bedenkenlos und unbekümmert entgegen, also mit einem gut ausgeprägtem Selbstvertrauen.

Wie können Sie Ihr Selbstbewusstsein stärken? Um mit Zweifeln und Kritik besser umzugehen, müssen Sie an einer starken inneren Haltung arbeiten. Gleichzeitig müssen Sie aber auch in der Lage sein, gerechtfertigtes Bedenken reflektieren zu können.

VERGLEICHE VERMEIDEN

Vergleichen Sie Ihre Fähigkeiten mit anderen Menschen, werden Sie immer jemanden finden, der besser ist. Zwar kann es manchmal nützlich sein, sich ein

Vorbild zu suchen und nach dessen positiven Eigenschaften zu streben, doch es ist falsch, sich in dieser Hinsicht auf eine Sache zu beschränken, denn jeder Mensch ist eine einzigartige Mischung von Talenten und Eigenschaften, die in dieser Form in keinen anderen Menschen zu finden sind. In der Summe seines Seins ist jeder unvergleichbar.

ERFOLGSERLEBNISSE SAMMELN

Definieren Sie realistische Zwischenziele und steigern Sie so Ihre Motivation und Ausdauer. Kleine Ziele, die man in kurzer Zeit erreichen kann, erzielen meist eine bessere Wirkung als entfernte Ziele, die einen schnell entmutigen können. Jedes Erfolgserlebnis steigert das Selbstbewusstsein und führt dazu, dass Sie immer weiter über sich hinaus wachsen.

TAGEBUCH FÜHREN

Halten Sie jedes Etappenziel schriftlich fest und belohnen Sie Ihren Erfolg. Wenn Sie sich regelmäßig vor Augen halten, was Sie bereits geschafft haben, stärken Sie Ihr Selbstwertgefühl und können Ihre geleistete Arbeit besser reflektieren. Auch wenn Sie manchmal glauben, Sie hätten heute nichts geleistet und sind unproduktiv gewesen, hilft es, sich aufzuschreiben, was man den Tag über alles gemacht hat, und Sie werden am Ende feststellen, dass es gar nicht so wenig war. Schreiben Sie sogar die kleinen, vermeintlich unbedeutenden Dinge, wie Wäsche zu machen, zu putzen und zu spülen, auf. Ein geschriebener Tagesrückblick wird Ihnen verdeutlichen, was Sie geleistet haben.

STÄRKEN UND SCHWÄCHEN

Verabschieden Sie sich von dem Drang nach Perfektionismus, denn niemand ist perfekt. Lassen Sie das Gefühl los, alles können zu müssen. Stehen Sie zu Ihren Schwächen und wandeln Sie diese in Stärken um. Akzeptieren Sie, wenn Sie etwas nicht so gut können, dafür wird es andere Dinge geben, bei denen Sie hervorstechen können.

FEHLER ERLAUBEN

Fehler sind etwas Gutes, denn sie zeigen, wie etwas nicht klappt, und geben Ihnen die Alternative, es abermals zu versuchen. Ohne Fehler gibt es im Leben keine Weiterentwicklung.

Auf dem Weg der Selbstverwirklichung werden Sie Ihre Träume und Wünsche höchstwahrscheinlich viele Male überarbeiten, verwerfen und neu justieren. Deshalb ist es ebenso entscheidend, akkommodabel und veränderbar zu sein.

Praxistipps

MINIMALISMUS

Minimalismus als eine Form von Selbstfindung kann für viele der richtige Weg sein. Ihre eigenen Bedürfnisse neu zu finden und herauszufinden, was Sie wirklich im Leben brauchen, kann der Beginn für ein erfüllendes Leben sein. Die Gründe dafür, minimalistisch zu leben, sind individuell sehr verschieden.

Probieren Sie es einfach mal aus. Wenn Sie zu den ganz Mutigen gehören, dann versuchen Sie es mit folgender Version des Minimalismus: Packen Sie alles, was Sie in Ihrer Wohnung haben, in Kisten ein – fast so, als würden Sie ausziehen. Beschriften Sie diese und stellen Sie sie am besten alles in ein Zimmer. Nehmen

Sie nur das aus einer Kiste, was Sie genau in diesem Moment brauchen.

An Ihrem ersten Tag werden das vermutlich für die Nacht eine Zahnbürste, Handtuch und Klamotten zum Schlafen sein. Zum Frühstücken brauchen Sie eine Schüssel und einen Löffel. So wird die erste Woche vergehen und Sie werden merken, dass Sie eigentlich gar nicht so viel zum Leben brauchen. Nach einem Monat sind alle für Sie wichtigen Gegenstände aus den Kisten draußen und den Rest könnten Sie einfach entsorgen.

Vielleicht fallen Sie in Ihr altes Muster zurück, aber vielleicht merken Sie auch, dass zwei Handtücher völlig ausreichend sind und Sie eigentlich jeden Tag aus der gleichen Tasse Tee trinken, während die anderen unbenutzt im Schrank stehen. Oder Sie kommen zu der Erkenntnis, dass Sie gern jeden Tag eine andere Teetasse benutzen, weil Sie die Auswahlmöglichkeit schätzen.

Es gibt viele verschiedene Formen von Minimalismus. Der eine ändert sein Kaufverhalten, weil er sich vor jedem Kauf die Frage stellt „Brauche ich das wirklich?". Wieder andere verschenken nahezu ihr ganzes Hab und Gut als eine Form der Loslösung und Freiheit. Jeder muss entscheiden, welcher Weg für ihn selbst der beste ist. Die Gemeinsamkeit besteht darin, dass alle aus den Alltagszwängen raus wollen und nach einem selbstbestimmteren und erfüllteren Leben fernab des Konsums streben. Für viele ist es eine Art von Befreiung und große Erleichterung, sich von unbrauchbaren und überflüssigen Dingen zu trennen.

Wer schon einmal umgezogen ist, hat sicher schon die Erfahrung gemacht, dass es erleichternd ist, wenn man vorher konsequent aussortiert. Je geringer der Besitz, desto weniger muss man eben auch verwalten. Nicht nur die Umzugskisten fühlen sich dann leichter an, sondern auch Sie selbst werden sich leichter fühlen. Kaufen Sie lieber ein teures T-Shirt von guter Qualität, welches Sie lange Zeit benutzen können, als 5 T-Shirts von schlechter Qualität, die nach einem halben Jahr auseinanderfallen. Ganz nach dem Motto: Qualität statt Quantität.

Es ist eine sehr interessante Erfahrung, das eigene Konsumverhalten zu betrachten und eine Reduktion als großen Gewinn zu sehen. Als Ergebnis gibt einem das nicht nur mehr Zeit und Raum, sondern auch mehr Geld und im besten Fall Glück. Viele Dinge zu besitzen, kann auch viel Stress hervorrufen. Je voller Ihr Haus ist, desto anstrengender ist es für Ihr Gehirn, den Überblick zu bewahren. Wer oft gestresst ist, der ist auch wesentlich anfälliger für Krankheiten. Im Folgenden werden 6 Fakten aufgezählt, warum Minimalismus gut für die Gesundheit ist.

1. Kreativität

Wenn man an Künstler denkt, hat man oft das Bild eines bunten, unordentlichen und vollgestopften Ateliers vor sich. Einige brauchen auch genau diese Unordnung, um sich richtig entfalten zu können. Oft ist es auch so, dass der Künstler genau weiß, wo was liegt, und in dem vermeintlichen Chaos seine eigene Ordnung hat. Außerdem braucht und benutzt er diese Gegenstände tagtäglich.

Es ist aber bewiesen, dass eine minimalistische Umgebung den kreativen Prozess unterstützen kann, da dann die Aufmerksamkeit auf das Wesentliche gelegt wird und andere Reize nicht ablenken können. Es kommt aber ganz auf die Person selbst an. Möchte man aber damit anfangen, kreativer zu werden, sollte man mit wenigen Utensilien starten und erst, wenn man gelernt hat, sich nicht zu leicht ablenken zu lassen, kann man anfangen, sein eigenes Chaos zu errichten.

2. Konzentration

Minimalismus erhöht die Konzentration. An einem aufgeräumten Schreibtisch lässt es sich viel leichter arbeiten. Je weniger Sie sich ablenken lassen, desto besser können Sie sich auf die wichtigen Details fokussieren. Überschüssige Dinge in der Umgebung können sich negativ auf Ihre Konzentrationsfähigkeit und die Informationsverarbeitung auswirken. Das haben Neurowissenschaftler der Universität Princeton festgestellt, nachdem sie die Aufgabenleistung von Menschen in einer organisierten Umgebung gegenüber einer unorganisierten Umgebung verglichen haben. Die Ergebnisse dieser Studie zeigten, dass Unordnung die Aufmerksamkeit auf sich zieht und so zu verminderter Leistung und erhöhtem Stress führt. Unordnung in der Umgebung bewirkt Unordnung im Kopf. Wenn man also die Unordnung minimalisiert, wird die Konzentrationsfähigkeit verstärkt.

3. Schlaf

Es gibt viele Gründe, die einen nachts nicht schlafen lassen. Man denkt an Sachen, die noch aufzuräumen sind, Wäsche, die gemacht werden muss, oder dass man auch mal wieder alle Räume putzen sollte. Solche Gedanken führen mit hoher Wahrscheinlichkeit zu

Schlafproblemen und Schlafmangel. Wer hektisch im Alltag unterwegs ist, wird auch in der Nacht keinen erholsamen Schlaf finden. Ein organisierter und strukturierter Tagesablauf lässt sich durch Minimalismus besser umsetzen und verhilft zu einem erholsamen Schlaf.

4. Stimmung

Forscher des Centers on Everyday Lives and Families fanden einen Zusammenhang von erhöhten Stresshormonen bei Hausbesitzern mit einer hohen Anzahl an Gegenständen. Die Familien waren im Durchschnitt gestresster, je mehr Sachen sie besaßen. Ein unnötiger Besitz hat einen tiefgreifenden Einfluss auf die Stimmung und das Selbstwertgefühl.

5. Vergangenheit loslassen

Beim Durchwühlen von angesammelten und unbenutzten Dingen spielen die Emotionen oft eine große Rolle. Viele Objekte sind verbunden mit einer Geschichte oder einem Gefühl, weshalb es schwerfällt, uns von diesen Dingen zu trennen. Manchmal ist aber genau das der beste Weg, um mit der Vergangenheit abzuschließen, denn es sind nicht nur positive Erinnerungen, an denen wir uns festhalten. Vielleicht behalten Sie einen Gegenstand, den Sie gar nicht schön finden, nur weil Sie ihn geschenkt bekommen haben und glauben, Sie sind dieser Person etwas schuldig. Andere Dinge behalten Sie, weil Sie denken, Sie könnten diese irgendwann noch einmal gebrauchen. Aber das ist alles nur Ballast, den Sie mit sich herumtragen. Trennen Sie sich von allem, was Sie jetzt nicht benötigen und was Sie emotional belastet. Wenn Sie die Sachen spenden, gibt Ihnen das auch das Gefühl, etwas Gutes getan zu haben, und manch anderer kann das, was Sie für überflüssig halten, noch sehr gut gebrauchen.

6. Fokus

Wer zu viel Ballast mit sich trägt, erinnert sich oft an Dinge, die er nicht erreicht hat. Je weniger unerwünschte, unerledigte und ungebrauchte Dinge Sie besitzen, desto besser können Sie sich auf Ihre Ziele fokussieren. Behalten Sie nur Dinge, die Sie motivieren und inspirieren. Werden Sie alles los, was Ihnen ein schlechtes Gewissen bereitet. Stellen Sie nicht den Verlust dieser Gegenstände in den Vordergrund, sondern das, was Sie dabei gewinnen. Ernten Sie nur die Vorteile eines minimalistischen Lebens mit Ordnung, Zeit, Fokus und Freiheit.

MEDITATION

Meditation als eine Form von Selbstfindung ist sehr beliebt. Eine Meditation ist konzentrierte Aufmerksamkeit und Entspannung mit dem Fokus auf das Selbst. Das Wort "Meditation" ist abgeleitet vom lateinischen Wort "meditari", was "nachdenken", "nachsinnen" bedeutet. Unter Meditation werden umfangreiche traditionelle und moderne Methoden aus allerlei Kulturen kombiniert, mit deren Hilfe sich Positivität und Entspannung erzielen lassen. Während einer Meditation richten Sie Ihren Geist auf eine bestimmte Vorstellung oder eine Wahrnehmung. Das kann ein imaginäres Bild sein, ein Duft, eine Musik oder ein Gefühl. So kommen die Gedanken zur Ruhe, Stress wird ausgeblendet und das Gedankenkarussell im Kopf wird langsamer oder kommt völlig zum Stehen.

Für eine Meditation benötigen Sie Zeit und einen Platz, an dem Sie sich entspannt und wohlfühlen. Das kann ein bestimmter Raum in Ihrer Wohnung oder Ihrem Haus sein oder auch ein abgelegener Platz in der Natur. Es ist wichtig, sich auf die Gegenwart, das Hier und Jetzt, zu konzentrieren. So lernen Sie, sich in Achtsamkeit zu üben und die Sinne zu erweitern. Es ist viel Training notwendig, um einen meditativen Zustand

intensiver Entspannung und Fokussierung zu erreichen. Zahlreiche wissenschaftliche Studien haben untersucht, wie sich stetiges Meditieren auf die Gesundheit und den Leib auswirkt. Die Übungen reduzieren
die Ansammlung von Stresshormonen im Blut, aktivie-
ren das vegetative Nervensystem und entschleunigen
die Gehirnwellen. Die Atmung wird langsam und
gleichmäßig, der Herzschlag kommt zur Ruhe und der
gesamte Stoffwechsel wird bedächtiger.

Regelmäßige Meditation hilft auch dabei, den
Blutdruck und Cholesterinspiegel zu regulieren und zu
einem tiefen und erholsamen Schlaf beizutragen. Forscher haben herausgefunden, dass Meditieren eine
Wirkung auf Gehirnstrukturen hat, welche für die ab-
sichtliche Kontrolle, das Konfliktmanagement und das
Arbeitsgedächtnis zuständig sind. Sie hilft auch bei
Stress und Ängsten und fördert die Achtsamkeit und
Selbstreflexion gegenüber dem eigenen Körper. Es
steigt auch die Fähigkeit, im Alltag gelassener und
gleichzeitig wacher zu sein. Regelmäßiges Mentaltrai-
ning gehört auch bei vielen Sportlern zum Programm,
da so Ihre Leistung verbessert wird.

Es gibt verschiedene Arten und Techniken der
Meditation. Bei einigen steht das Denken und Fühlen
im Mittelpunkt, andere sind eher körperbetont. Es soll

ein Zustand des „nicht Denkens" oder einer „gedankenlosen Stille" erreicht werden, welcher sogar in kürzester Zeit so viel Ruhe und Kraft schenken kann wie ein erholsamer, langer Schlaf. Neben der normalen Meditation gibt es noch viele weitere Techniken, wie Bild- und Klangmeditation, Yoga, Teezeremonien und Kalligrafie, Hypnose und Autosuggestion, Sitzmeditation und diverse Kampfsportarten. Hierbei wird zwischen aktiver und passiver Meditation unterschieden. Bei der passiven Meditation handelt es sich um eine vermehrte Konzentration auf das Empfinden, die Gedanken, das Atmen oder ein Mantra. Bei der aktiven Meditation steht eher eine Ausführung oder eine Tat im Vordergrund. Dies kann Tantra, Yoga, eine Kampfkunst oder auch das Rezitieren von Gebeten oder Weisheiten sein.

Passive Formen:

• Vipassana Meditation stammt aus Indien und ist eine der ältesten Meditationsarten. Hierbei handelt es sich um eine Achtsamkeitsmeditation.

• Metta Meditation bezeichnet eine geführte Meditation zum Erlernen von Liebe und Mitgefühl.

• Zazen, das "Sitzen in der Stille", ist eine Sitzmeditation aus dem Zen-Buddhismus.

• Shamata beschreibt ein friedliches Verweilen.

- Transzendentale Meditation ist die Methode zur Aktivierung der Selbstheilungskräfte.

Aktive Formen:
- über den Geist: Zen-Meditation, christliche Mystik, bestimmte Yoga-Formen
- über den Körper: beispielsweise Qi Gong, Tai-Chi, Yoga, Gehmeditation, progressive Muskelentspannung, meditativer Tanz
- über das Tun: Kalligrafie, Mandala-Malen, Ikebana, Singen, Beten, Musizieren
- über die Gefühle: Bildmeditation, Musikmeditation, Klangschalenmeditation

REISEN

Reisen als eine Form von Selbstfindung ist ein oft gewählter Weg. Viele sind der Meinung, sich erst selbst finden zu können, wenn sie an einem anderen Ort sind. Das stimmt zwar nicht, aber es ist sicher ein sehr guter Weg, es zu versuchen. Es ist ein Traum vieler, seinen Koffer zu packen und die Welt zu entdecken. Dazu gehört eine ganze Portion Mut und viele haben Angst davor, diesen Schritt zu wagen. Aber wer sich auf die Reise wagt, wird schnell merken, dass die Welt ein wunderbarer Ort ist, der das tapfere Abenteurerherz höherschlagen lässt. Eine Reise zu sich selbst ist eben auch eine Reise mit sich selbst. Die Komfortzone muss auch nicht unbedingt verlassen werden, sondern einfach nur abgeändert oder erweitert.

Wenn Sie Angst davor haben, dass etwas unterwegs passieren kann, dann bereiten Sie sich einfach möglichst gut darauf vor. Sie fürchten sich z. B. davor, ausgeraubt zu werden? Dann machen Sie vor der Reise einen Selbstverteidigungskurs. Wenn es Ihnen wichtig ist, immer einen Rückzugsort zu haben, dann planen Sie die Reise mit einem fahrbaren Untersatz. Ändern Sie diesen so, dass er genau auf Ihre Bedürfnisse abgestimmt ist. Installieren Sie eine Alarmanlage, um mehr Sicherheit zu verspüren, oder achten Sie darauf, dass Sie von innen ins Fahrerhaus gelangen können, um notfalls schnell wegfahren zu können. Machen Sie all das, was Ihnen ein gutes Gefühl gibt. Vielleicht sind Sie aber auch von der harten Sorte und ziehen einfach nur los mit dem, was Sie tragen können. So oder so werden Sie schnell merken, ob Sie den für sich richtigen Weg gewählt haben. Es ist immer möglich, seine Meinung zu ändern und sich unterwegs von seinem Gefährt zu trennen oder sich eben eines zu beschaffen. Nur, wer sich neuen Hindernissen und Hürden stellt, der kann als Mensch wachsen und sein Selbstbewusstsein stärken.

Wir leben in einer Zeit, die von Vorurteilen geprägt ist. Medien beeinflussen unsere persönliche Meinung und Wissen kann jederzeit abgerufen werden. Viele Länder sind mit einem Image behaftet, das uns durch die Nachrichten und Aussagen anderer Personen falsch vermittelt wird. Oft passt aber dieses uns vermittelte Bild nicht zu der Realität vor Ort.

Um sich seine eigene Meinung zu bilden, kann man nur rausgehen, entdecken, kennenlernen und so vermeintliche Vorurteile beseitigen. Beim Reisen denken viele oft an schöne Orte, großartige Strände und die Natur, aber das eigentlich schöne am Reisen ist es, andere Menschen, Kulturen und Völker kennenzulernen. Andere finden, welche ähnliche Ansichten haben und eine Meinung mit Ihnen teilen, oder eben welche, die ein ganz anderes Weltbild vertreten.

Je mehr verschiedene Menschen Sie kennenlernen, desto mehr finden Sie auch über sich selbst heraus. Die eigenen Probleme werden kleiner, wenn man sieht, wie andere damit umgehen. Sie dachten immer, dass Sie nicht genug Geld haben, um sich tolle Klamotten leisten zu können, aber wenn Sie jemanden unterwegs treffen, der seit Jahren nur drei T-Shirts, zwei

Hosen und ein Paar Schuhe besitzt, werden Sie schnell merken, in welchem Luxus Sie eigentlich leben, und werden die Dinge, die Sie besitzen, besser wertschätzen können. Sich mit anderen zu vergleichen, kann also positiv sein. Sie werden schnell merken, dass Ihre Probleme oft gar nichts sind im Vergleich zu dem, womit andere Menschen in ferneren Ländern tagtäglich zu kämpfen haben. Andere Teile der Welt zu sehen, macht einem oft erst bewusst, wie gut es einem geht.

Auf einer Reise ist eine persönliche Entwicklung vorprogrammiert und es macht Sie zu einem interessanten Menschen, wenn Sie viel erlebt haben und davon berichten können. Im Austausch mit Menschen aus einer anderen Kultur und deren Art zu leben werden Sie nicht nur Ihre Sprachkenntnisse verbessern, sondern auch in jeglicher Hinsicht Ihren persönlichen Horizont erweitern. Sie werden Seiten an sich entdecken, die Sie vorher nicht kannten und die im Verborgenen geschlummert haben.

Vermutlich werden Sie die Veränderung gar nicht so schnell bemerken, aber die Leute in Ihrem Freundeskreis, Ihre Familie werden sofort feststellen, dass Sie sich menschlich weiterentwickelt haben. Auf Reisen werden Sie immer neue Sachen entdecken, die Sie inspirieren und Ihre Art zu denken verändern. Sie werden die Welt mit anderen Augen sehen und Erlebnisse haben, die Ihnen ein globales Gefühl einer gemeinsamen Welt vermitteln und das Zusammengehörigkeitsgefühl verstärkt. Egal, wo Sie sind, Sie werden unvergessliche Momente erleben, die Sie für ewig im Herzen behalten. Sie werden die Zeit haben, um sich Gedanken über sich selbst und Ihr Leben zu machen. Schnell werden Sie merken, dass Freiheit der wahre Luxus ist.

Selbstliebe

Glücklich ist der, der sich selbst liebt. Eine gestärkte Selbstliebe macht uns selbstsicher und unverwundbar. Zufriedenheit und innere Stärke bringen Sie auf allen Ebenen ins Gleichgewicht. Ihre körperliche und geistige Gesundheit profitieren davon. Behandeln Sie sich selbst wie Ihren besten Freund.

Wer sich selbst liebt, dem ist es völlig egal, was andere über ihn denken. Die Meinung anderer Menschen sollte Ihnen gleichgültig sein, denn Sie wissen selbst, dass Sie ein toller, liebenswerter Mensch sind. Finden Sie jeden Tag etwas, mit dem Sie zufrieden sind und das Ihnen guttut. Vertreten Sie Ihre Wünsche und

Interessen gegenüber anderen und vor allem gegenüber sich selbst. Freuen Sie sich über die kleinen Erfolge und Herausforderungen, die Sie gemeistert haben.

Wem es schwerfällt, sich selbst zu lieben, der hält meist an negativen Glaubenssätzen fest. Erlernte Minderwertigkeitsgefühle und Zweifel, die noch aus der Kindheit im Denken verankert sind, halten viele auch im Erwachsenenalter gefangen. Es fällt schwer, diese alten Muster abzulegen, da sie meist im Unterbewusstsein ablaufen, aber trotzdem große Auswirkungen auf unsere Selbstwahrnehmung und das Leben haben. Negative Glaubenssätze basieren oft auf der Meinung anderer und beeinflussen Sie im Laufe Ihrer Entwicklung.

Typische Gedanken sind, dass Sie meinen, nur geliebt zu werden, wenn Sie perfekt sind, oder dass Sie verletzt werden, wenn Sie Gefühle zeigen. Mit etwas Disziplin und Übung kann aber jeder diese negativen Glaubenssätze umändern oder ablegen. Wandeln Sie die Sätze in etwas Positives, wie z. B. „Ich werde geliebt, weil ich nicht perfekt bin", oder „Gefühle zu zeigen, macht mich nicht verletzlich". Wenn Sie Ihre Gedanken mit dem Fokus auf Selbstliebe ändern, werden sich auch Ihr Handeln, Ihre Gefühle und Ihr Wohlbefinden ändern.

Selbstverwirk-
lichung als Prozess

D er Weg zur Selbstverwirklichung ist nicht schnell und wird nicht einfach gelingen. Er kann mitunter angsteinflößend und kräftezehrend sein, denn Sie müssen aus Ihrem goldenen Käfig ausbrechen, um ihn umzusetzen.

Auch, wenn es mal unbehaglich wird und Sie einen Rückfall erleiden, sind es gerade die herausfordernden Momente, in denen Sie das größte Wachstum erzielen. Zeigen Sie Ausdauer und lassen Sie sich nicht vorschnell entmutigen. Insbesondere, wenn Ihre Ziele und Wünsche weit von Ihrem aktuellen Leben entfernt wirken oder Sie kurz davor sind, eine wichtige Entscheidung zu treffen, können Bedenken und Befürchtungen Sie ins Taumeln bringen. Oft kommt es vor, dass Ihnen nahestehende Personen von vermeintlich schwierigen Aktionen abraten. Es ist wichtig zu verstehen, dass sie dies normalerweise nicht tun, um Sie in Ihrer Entwicklung zu bremsen, sondern weil sie Angst um Ihre Zukunft und Ihr Wohlbefinden haben.

Wandeln Sie diese Tatsache in etwas Positives um. Es bedeutet nichts anders, als dass Sie jemandem wichtig sind und geliebt werden. Selbstverwirklichung ist ein Prozess mit Höhen und Tiefen, welcher die eigenen Stärken herausfordert. Jeder muss für sich selbst entscheiden, wohin er will und was genau ein freies und selbstbestimmtes Leben für ihn bedeutet.

Der Weg besteht aus vielen Etappen, Abzweigungen und Sackgassen. Die Verantwortung müssen Sie selbst übernehmen, egal, ob Sie ein positives oder negatives Ergebnis aus einer bestimmten Sache ziehen. Die Konsequenzen für Ihr Handeln müssen Sie erkennen und akzeptieren. Sie selbst haben es in der Hand, in welche Richtung sich Ihr Leben entwickelt, ob Sie unglücklich bleiben oder etwas dagegen tun und welche Alternativen Sie an den vielen Scheidepunkten wählen.

Lernen Sie, sich selbst zu lieben, Ihre Persönlichkeit anzunehmen und sich selbst zu vertrauen. Selbstverwirklichung ist das Gefühl, in sich selbst zu Hause zu sein, dort, wo Sie sich am wohlsten fühlen und wo Sie am liebsten sind. Bis dahin ist es ein weiter Weg, auf dem Sie lernen, Ihren eigenen Wert zu schätzen und sich selbst zu achten. Es ist nicht zielführend, dieses Thema auf ein Gebiet z. B. den Beruf zu beschränken, sondern das große Ganze zu betrachten. Es ist Ihre freie Entscheidung, Ihren Weg im Leben so zu gestalten, wie es Ihnen persönlich gefällt und nicht wie es die Gesellschaft oder eine andere Person vorschreibt.

Suchen Sie nicht nach einem Beruf, sondern nach einer Berufung. Legen Sie den Fokus nicht auf das Geld, sondern auf die Freude, die Sie bei der Arbeit empfinden. Gestalten Sie Ihre Selbstverwirklichung aktiv, so übernehmen Sie Verantwortung für Ihr Leben und können eine tiefe Zufriedenheit entwickeln. Erkennen Sie Ihre Talente und Fähigkeiten und fördern Sie diese. Finden Sie Aufgaben, bei denen Sie Ihre Stärken sinnvoll und gewinnbringend einsetzen können. Es wird Sie glücklicher machen, wenn Sie das Gefühl haben, etwas Nützliches und Wertvolles in der Welt beigetragen zu haben. Der Fokus ist auf Sie gerichtet. Sie sind der Mittelpunkt, das Zentrum und der

Hauptdarsteller in Ihrem eigenen Leben. Das Wichtigste ist es, mit sich selbst glücklich, zufrieden und harmonisch leben zu können. Wenn Sie das erst einmal verstanden haben, dann sind Sie der Selbstverwirklichung schon viel näher als Sie vielleicht denken.

Herstellung und Verlag:

BoD – Books on Demand, Norderstedt

ISBN: 9783754396179

© Sebastian Wendland 2022

1. Auflage

Kontakt: Psiana eCom UG/ Berumer Str. 44/ 26844 Jemgum

Covergestaltung: Fenna Larsson

Coverfoto: depositphotos.com